2

TRÈS-HUMBLE PÉTITION

DU

COMTE DE PFAFFENHOFFEN,

A LA CHAMBRE DES DÉPUTÉS.

A MESSIEURS

LES TRÈS-HONORABLES MEMBRES

DE LA CHAMBRE DES DÉPUTÉS.

TRÈS-HUMBLE PÉTITION

Du Comte DE PFAFFENHOFFEN,

PRÉSENTANT A LA CHAMBRE

L'ARRÊTÉ DE M. LE PRÉFET DE LA SEINE,

QUI RÉGULARISE SA CRÉANCE SUR LE ROI,
ET LE RECONNAÎT CRÉANCIER DE L'ÉTAT,
ETC., ETC., ETC.

PARIS.

IMPRIMERIE ANTHELME BOUCHER,
RUE DES BONS-ENFANS, N°. 34.

28 FÉVRIER 1828.

A MESSIEURS

LES TRÈS-HONORABLES MEMBRES

DE LA CHAMBRE DES DÉPUTÉS.

MESSIEURS,

La justice, la décence, la vérité, le respect dû AU ROI, ont été violés par M. le comte de Villèle, dans les deux séances de la Chambre dernière, le 13 et le 27 janvier 1827 !

Ma fortune et mon honneur ne sont pas plus intéressés que l'honneur et la conscience même DU ROI, dans la réclamation qui faisait et qui fait l'objet de mes pétitions à la Chambre.

Invulnérable autant qu'inaccessible au haut de la tribune, dont l'approche est interdite aux pétitionnaires, M. le comte de Villèle s'y est permis, *sans qu'on puisse en deviner les motifs*, les assertions les plus mensongères, les réticences les plus perfides contre les actes même qu'il tenait en main, et dans une affaire, je le répète avec respect, où l'honneur personnel et la conscience de Sa Majesté ne sont pas moins compromis que mon honneur et ma fortune.

Dans la nécessité où il m'a mis de me défendre, et, j'ose le dire, de défendre LE ROI lui-même, j'ai, d'abord après la séance scandaleuse du 13 janvier, fait distribuer à la Chambre mon *supplément nécessaire* du 15 du même mois; et, d'abord après la séance, bien plus scandaleuse encore, du 27, ma *réponse rapide et succincte* du 29. Enfin, pour compléter ma défense, et pour dévoiler devant la Chambre toutes les impostures que M. le comte de Villèle lui avait débitées, avec tant d'audace, j'ai présenté une seconde pétition qui a été déposée, le 5 de février, par l'honorable marquis de Bouville, sur le bureau de M. le Président, et qui a été inscrite au Comité des pétitions, sous le n°. 248.

Par cette pétition, Messieurs, ne permettant rien à ma plume ni à mon ressentiment, et laissant aux actes que j'invoquais et qu'il avait mutilés, à démasquer M. le comte de Villèle, j'ai demandé à la Chambre de pouvoir communiquer à sa Commission des pétitions, les pièces qui établissent ma réclamation, et sur lesquelles j'ai été reconnu *Créancier* du Roi *et de l'État.*

J'ai prié la Chambre de réclamer des ministres du Roi, les actes de cette reconnaissance ; savoir :

A. Le rapport fait au Roi, et la décision de S. M., du 13 mars 1819.

B. Le rapport du Comité du contentieux du ministère de la maison du Roi, du mois de janvier 1821.

C. Le rapport de la Commission de révision des dettes de LL. MM. en 1825.

D. Le rapport de M. de Rainneville à M. le comte de Villèle, en mai 1826.

E. Le rapport de *M. le comte de Villèle* au Roi, en juin 1826.

F. L'arrêté de M. le Préfet de la Seine, du 12 octobre 1826.

J'ai, de mon côté, mis sous les yeux de la Commission des pétitions les actes du procès, où LL. MM. avaient été légalement et respectueusement invitées d'intervenir, et dont le jugement, du 19 juin 1818, m'a condamné à payer, pour Elles, comme leur caution solidaire, une somme de 409,093 liv., qu'à peine d'exécution, j'ai été contraint de payer, le 4 septembre suivant, par la vente forcée de 28,000 fr. de mes rentes, au cours de 73 !

Mais en vain ai-je prié la Commission de se faire donner communication, par le ministère de la maison du Roi et par le ministère des finances, des actes de la reconnaissance de la dette de LL. MM. — Et si, MALGRÉ LA CHARTE, ma seconde pétition n'a pas obtenu les honneurs d'un rapport, à qui puis-je l'imputer, sinon à l'influence de M. le comte de Villèle, qui, pour n'avoir ni à souffrir ni à rougir de la présence de ces pièces, dont chaque ligne aurait démenti ses assertions à la tribune, parvint à étouffer ma défense, à me laisser sous le poids de ses impostures, et à empêcher la Chambre de connaître la vérité.

Une seule des pièces dont j'avais demandé que la Chambre prît communication, l'Arrêté de M. le Préfet de la Seine, est en ma possession, par le dépôt *forcé* que M. le comte de Villèle en a fait au greffe du Conseil-d'État.

Persuadé, avec toute la France, avec toute l'Europe, que le temps de la justice, que les malheureux créanciers DU ROI implorent depuis si longtemps, auquel le feu Roi les a si souvent référés, et qui doit mettre la conscience de Sa Majesté régnante en repos; que ce temps de justice est enfin arrivé, je viens, Messieurs, plein de confiance dans vos âmes françaises et dans votre amour pour LE ROI, mettre cet Arrêté sous vos yeux, et y reporter mes précédentes pétitions, mon supplément nécessaire et ma réponse rapide et succincte aux impostures de M. le comte de Villèle ; et, en me référant à tout leur contenu, je vous supplie, Messieurs, de les prendre en votre plus grande considération.

Je ne m'étendrai point ici sur la nature et l'origine de ma créance, que renferment les actes du procès dont le jugement m'a condamné à payer la dette de laquelle je m'étais rendu caution solidaire de LL. MM. Je suis prêt à les communiquer *confidentiellement* à votre Commission; je dis *confidentiellement* et non autrement ; car le secret de mes augustes commettans ne m'appartient pas. Dévoué à LL. MM. depuis quarante ans, d'un dévouement différent de celui dont M. le comte de Villèle voudrait se targuer, mon respect pour ELLES est autrement respectueux que le sien. Je ne profiterai pas de l'exemple qu'il a osé me donner. Je n'ai pas la main assez sacrilège pour toucher, comme lui, à l'arche sainte, et je ne déroulerai pas le voile qu'il n'a pas craint de soulever. Je lui laisse la honte et le remords de tout ce qu'il s'est permis. Je me flatte, j'espère, Messieurs, que vous approuverez mon silence, autant que LL. MM. ont daigné m'en savoir gré.

Né parmi vous, Messieurs, mais étranger, fils

d'un père étranger, j'ai conservé des sentimens tout français ; et je les ai manifestés, par l'accueil que j'ai fait à vos compatriotes dans le malheur, surtout par le dévouement qui m'a attaché à vos augustes Princes, dans leurs jours d'infortunes. Heureux d'avoir pu leur rendre des services utiles ; heureux d'avoir pu sauver leurs plus chers intérêts, en me rendant leur caution solidaire dans une circonstance où leur honneur personnel se trouvait gravement compromis ; fier encore des persécutions que j'ai endurées pour eux, et dont je porte d'honorables stigmates ; permettez, Messieurs, que dans les détresses où je suis tombé, par le défaut de remboursement de la dette que je réclame et que l'Arrêté de M. le Préfet de la Seine a régulièrement liquidée, mon cœur, aussi français que les vôtres, vous invite à considérer le blâme, à réfléchir sur le scandale que M. le comte de Villèle, malgré les instances du ministère de la maison du Roi, a offert à l'Europe entière, du Roi très-chrétien, de l'auguste chef de la nation française, en état de dettes, APRÈS 14 ANS DE RESTAURATION ! envers les étrangers hospitaliers qui, comme moi, l'ont accueilli, aidé, secouru dans ses adversités, et dont un Ministre, qui enfin est passé, comme l'impie, a repoussé, sans honte et sans pitié, les mains suppliantes.

Je m'arrête, Messieurs ; un sentiment douloureux et pénible autant que respectueux, et que vous partagez, m'empêche de poursuivre.

Me référant à l'Arrêté de M. le Préfet de la Seine, ainsi qu'à mes précédentes pétitions, ci-jointes, je vous prie de les renvoyer à M. le Ministre des finances, avec invitation de vous proposer les moyens de mettre LE ROI en état d'achever de payer le reste de ses dettes à l'étranger, à l'instar et par supplément à la loi du 21 décembre 1814.

Paris, le 28 février 1828.

F. S. Comte DE PFAFFENHOFFEN,

Ancien Tréfoncier de Liége,
Ex-Administrateur Prince Postulé
de Stavelot et Malmédy.

PRÉFECTURE

DU DÉPARTEMENT DE LA SEINE.

BUREAU DES DOMAINES, No. 13,785.

ARRÊTÉ

Qui reconnaît M. le Comte de Pfaffenhoffen

CRÉANCIER DE L'ÉTAT.

Vu la pétition enregistrée au secrétariat de la préfecture de la Seine, le 13 juillet 1826, par laquelle M. F. S. comte de Pfaffenhoffen, ancien Tréfoncier de Liége,

EXPOSE :

Qu'en sa qualité d'agent et mandataire de LL. AA. RR. MONSIEUR, feu S. M. Louis XVIII, et Monseigneur Charles-Philippe, Comte d'Artois, aujourd'hui S. M. Charles X, Roi régnant, il a, le 20 septembre 1792, souscrit pour le compte et dans l'intérêt de Leurs Altesses Royales, au profit de M. Henri-Ferdinand-Marie de Colson, lors Mayeur de la ville de Liége, une obligation de la somme de 160,000 livres, en remplacement de pareille somme dépensée par l'exposant pour procurer, dans le pays de Liége, des établissemens aux compagnies d'émigrés, qui ont ensuite composé l'armée des Princes, commandée par S. A. S. Mgr. le duc de Bourbon ; le paiement de laquelle somme ayant été fait en assignats, reconnus depuis *faux et de fausse fabrique*, avait excité les plaintes des fournisseurs et déterminé les autorités locales à saisir et arrêter les armes, les munitions, les fournitures et bagages, composant le matériel de l'armée des Princes :

Que cette obligation de 160,000 livres, dont le paiement tant en principal qu'en intérêts, à raison d'un demi pour cent par mois, était seulement exigible après la rentrée des Princes en France, n'a été acceptée par ledit sieur mayeur de Colson que sous la condition formelle, qu'en son propre et privé nom, l'exposant se rendrait personnellement responsable de ladite somme, solidairement avec Leurs Altesses Royales, et que pour sûreté du paiement il affecterait ses biens présens et à venir :

Que pour sauver l'honneur de Leurs Altesses Royales, répondre à la confiance de ses augustes commettans et accélérer le départ des bagages et munitions de l'armée, l'exposant n'hésita pas de souscrire la condition imposée, et se constitua débiteur de la somme de 160,000 livres, en principal et intérêts, solidairement avec Leurs Altesses Royales :

Que depuis la rentrée des Princes en France, les héritiers du feu sieur de Colson ont fait assigner l'exposant, le 8 octobre 1816, devant le Tribunal impérial et royal des nobles de la Basse-Autriche, afin de condamnation et paiement de la somme énoncée en son obligation :

Que par actes extrajudiciaires des 27 juin et 3 juillet 1817, l'exposant a dénoncé cette demande tant à S. M. Louis XVIII qu'à S. A. R. Mgr. comte d'Artois, à l'effet d'intervenir dans l'instance et prendre son fait et cause; mais qu'à défaut de leur intervention, lesdits héritiers ont obtenu, le 19 juin 1818, un jugement contradictoire, qui condamne l'exposant à leur payer (*dans le délai de quatorze jours*) la somme de 160,000 liv. de principal avec les intérêts à six pour cent, à compter du 20 septembre 1792, lesquels intérêts montant à 249,093 liv. et joints au capital, forment ensemble la somme de 409,093 liv., non compris les frais ; et que, pour se soustraire aux poursuites desdits héritiers, il s'est trouvé contraint de les désintéresser de ses propres deniers, ainsi qu'il résulte de la quittance qu'ils lui en ont donnée le 4 septembre 1818 :

Que pour obtenir son remboursement d'une avance aussi considérable, l'exposant s'est pourvu au ministère de la maison du Roi, où sa créance a été reconnue par S. M. Louis XVIII lui-même, suivant décision du 13 mars 1819, en conséquence de laquelle Sa Majesté lui a fait payer, par le Trésor de la Couronne, la somme de 150,000 fr., *par forme d'avance*, en trois paiemens égaux de 50,000 fr. chacun, les 24 mai 1821, 7 février 1822, et 9 avril 1824 :

Que le 13 mars 1823, la même créance a été aussi reconnue par S. A. R. Monsieur, aujourd'hui S. M. Charles X :

Mais que sur l'avis donné à l'exposant, le 6 avril 1826, par le ministère de la maison du Roi, d'une décision portant « que *les dettes du Roi étaient devenues dettes de l'État*, et qu'elles étaient dans les attributions du ministère des finances, » l'exposant s'est pourvu auprès de Son Excellence, où il apprit qu'il devait faire régulariser sa créance :

Que c'est pour y parvenir qu'il présente sa demande, tendante à ce qu'il lui soit payé par l'État :

1°. La somme de 470,997 fr. 64 cent., pour solde de la créance, par lui payée, de ses deniers, aux héritiers Colson, pour le compte et en l'acquit de Leurs Majestés, le tout calculé jusqu'au 20 juin 1826;

2°. Les droits de timbre et d'enregistrement du jugement sus-mentionné, après justification;

3°. Des intérêts de ladite somme de 470,997 fr. 64 cent., à compter du 20 juin 1826;

4°. La somme à fixer par État et pour frais de sept voyages de Vienne à Paris, formant environ cinq mille lieues, et quarante-deux mois de séjour à Paris, non compris sa prolongation jusqu'à la décision à intervenir.

Vu à l'appui de ladite pétition, une liasse de dix-sept pièces, soit en originaux joints, soit en copies également jointes et collationnées sur les originaux, représentés par l'exposant et à lui rendus.

Lesdites pièces justificatives de l'obligation par lui souscrite, au nom et pour le compte de Leurs Altesses Royales, au profit du feu sieur de Colson; de l'instance formée contre lui par les héritiers de ce dernier, devant le Tribunal des nobles de la Basse-Autriche; du jugement rendu contre lui par ce Tribunal; des notifications faites de la demande à ses augustes commettans; de la reconnaissance de sa créance par LL. MM. Louis XVIII et Charles X; de la libération complète de l'exposant envers les héritiers Colson; et enfin de son pourvoi au ministère de la maison du Roi.

Vu spécialement dans la liasse des dix-sept pièces sus-énoncées:

1°. La traduction d'allemand en français, légalisée par les autorités locales de la ville de Vienne et encore par le chargé d'affaires de France près la Cour d'Autriche à Vienne, du jugement dudit jour, 19 juin 1818, par lequel le Tribunal des nobles de la Basse-Autriche a condamné l'exposant à payer aux héritiers Colson (*dans le délai de quatorze jours, sous peine d'exécution*) la somme de 160,000 liv. de principal pour les causes énoncées en son obligation du 20 septembre 1792, ensemble les intérêts de cette somme sur le pied de six pour cent, à compter du jour de l'obligation;

2°. La copie aussi légalisée par les mêmes autorités, de l'obligation susdatée;

3°. Trois exploits originaux faits par Hubert, huissier à Paris, en date, le premier du 27 juin 1817, et les deux autres du même jour, 3 juillet suivant, dûment enregistrés et légalisés par les autorités de France et même par M. le baron de Vincent, ministre plénipotentiaire de S. M. l'empereur d'Autriche près la Cour de France, à Paris.

Lesquels trois actes contiennent les notifications faites à S. M. Louis XVIII et à S. A. R. Mgr. comte d'Artois, de la demande formée contre l'exposant le 8 octobre 1816, à la requête des héritiers Colson, avec prières respectueuses d'intervenir dans l'instance, prendre son fait et cause, et le garantir et indemniser de toutes condamnations personnelles à intervenir contre lui.

Vu le rapport du directeur des domaines, en date du 12 août 1826.

Considérant qu'encore que de l'obligation du 20 septembre 1792, il apparaisse que le comte de Pfaffenhoffen se soit reconnu personnellement débiteur de 160,000 liv. y énoncées; néanmoins, les motifs qui ont présidé à sa rédaction et les termes mêmes dans lesquels cet acte a été conçu, démontrent jusqu'à l'évidence qu'il n'a ni agi, ni stipulé dans son intérêt particulier et personnel, et que, comme mandataire secret des princes français, investi et honoré de leur confiance, et plein de dévouement pour leur cause, il n'a consulté que son zèle *pour sauver leur honneur, qu'il voyait compromis*, et faire lever le séquestre apposé à Liége sur le matériel de leur armée :

Considérant que des pièces produites il résulte la preuve que cette créance a été approuvée et reconnue tant par le feu Roi S. M. Louis XVIII, au moyen, de trois à-comptes de 50,000 fr. chacun, qu'Elle a fait délivrer sur le Trésor de la Couronne à l'exposant, que par S. M. Charles X; mais que par leur avènement successif au trône, les dettes de Leurs Majestés *étant devenues dettes de l'État*, c'est à l'État qu'il appartient, non seulement de désintéresser M. le comte de Pfaffenhoffen, mais même de le dédommager pleinement des sacrifices que lui a imposés son zèle pour les intérêts des Princes de la maison de Bourbon :

Considérant que le jugement rendu au profit des héritiers Colson, le 19 juin 1818, n'ayant accordé à l'exposant, pour se libérer envers eux, qu'un délai de quatorze jours seulement, ce ne peut être qu'au grand détriment de sa fortune privée qu'il est parvenu à effectuer et réaliser un paiement aussi considérable :

Qu'à ces motifs de délicatesse, d'honneur et de probité qui ont dicté à S. M. Louis XVIII l'ordre qu'ELLE avait donné de payer au requérant les à-comptes que celui-ci a déjà reçus, se joignent des raisons de droit qui ne permettent pas à l'État de différer plus long-temps une libération devenue, depuis la rentrée des Princes en France, exigible et inévitable :

Qu'en effet la somme réclamée est due et établie sur des titres irrécusables :

Qu'elle est due par les Princes aux noms desquels elle a été contractée :

Qu'elle est devenue dette de l'État par l'avènement des Princes à la couronne :

Que le paiement a été demandé en temps utile :

Que les actes nécessaires pour interrompre et

prévenir toute déchéance et toute prescription ont été signifiés dans les formes légales ;

Qu'il ne reste donc plus qu'à payer par l'État la dette de rigueur et de droit, comme les Princes avaient consenti de payer la dette de la reconnaissance et de l'équité;

Considérant néanmoins que la somme de 409,093 livres, payée par le comte Pfaffenhoffen, le 4 septembre 1818, aux héritiers Colson, tant pour le capital que pour les intérêts de son obligation, S. M. Louis XVIII lui ayant fait délivrer la somme de 150,000 francs, à trois époques différentes, il y a lieu de liquider sa créance de la manière et ainsi qu'il suit :

Ladite somme de 409,093 liv., réduite en francs, représente celle de 404,042 fr. 46 c., ci	404,042 46
A laquelle somme il convient d'ajouter celle de 65,993 fr. 58 c. pour deux ans, huit mois et vingt jours d'intérêts, à raison de 6 pour 100 par an, taux stipulé et convenu par l'obligation, lesdits intérêts échus dudit jour 4 septembre 1818, au 24 mai 1821	65,993 58
Ces deux sommes réunies forment un total de 470,036 fr. 04 c., ci. .	470,036 04

Report	470,036 04
Sur cette dernière somme, déduisant celle de 50,000 fr., reçue le 24 mai 1821, ci	50,000 »
Il ne reste plus dû que la somme de 420,036 fr. 04 c., ci.	420,036 04
A laquelle ajoutant celle de 17,711 francs 52 cent. pour huit mois, treize jours d'intérêts, échus depuis le 24 mai 1821 jusqu'au 7 février 1822, ci.	17,711 52
Il restait encore dû la somme de .	437,747 56
Sur laquelle déduisant celle de 50,000 fr., reçue le 7 février 1822, ci.	50,000 »
Il restait encore dû celle de . .	387,747 56
A laquelle somme ajoutant celle de 50,536 fr. 41 c. pour deux ans, deux mois et deux jours d'intérêts, échus depuis ledit jour 7 février 1822, jusqu'au 9 avril 1824, ci	50,536 41
Il restait encore dû la somme de .	438,283 97
Sur laquelle somme déduisant celle de 50,000 fr., reçue le 9 avril 1824, ci	50,000 »
Il restait encore dû la somme de	388,283 97

Report.	388,283 97
A laquelle ajoutant enfin celle de 57,933 fr. 95 c. pour deux ans, cinq mois et vingt-cinq jours d'intérêts, échus depuis ledit jour 9 avril 1824, jusqu'au 4 octobre 1826, ci . . .	57,933 95
Audit jour 4 octobre 1826, il restait dû la somme de	446,217 92

Le Conseiller d'État, Préfet du département de la Seine

Arrête ce qui suit :

M. le comte de Pfaffenhoffen est reconnu Créancier de l'État :

1o. De la somme de 446,217 fr. 92 c. en principal et intérêts, calculés jusqu'au 4 octobre 1826, pour le montant de sa créance, résultant de la liquidation qui précède, ci..... 446,217 fr. 92 c.

2o. Des intérêts courans et à échoir jusqu'au jour du paiement effectif, ci.............. Mémoire.

3o. Des frais de timbre et d'enregistrement et des frais de voyage à donner par État, ci......... Mémoire.

Laquelle somme de 446,217 fr. 92 c. (non compris les articles 2 et 3 non tirés hors ligne), sera payée audit sieur comte de Pfaffenhoffen, sur la caisse qui sera désignée par S. Ex. le ministre-secrétaire-d'État des finances ; à laquelle caisse ledit paiement sera alloué en compte, sur le vu d'une expédition du présent arrêté, et de l'ordonnance spéciale qui lui sera délivrée à cet effet.

Le paiement de ladite somme ne pourra néanmoins être effectué qu'après l'approbation de S. Ex. le ministre secrétaire-d'État des Finances, à l'effet de quoi, expédition du présent Arrêté sera adressée à Son Excellence, avec les pièces qui y sont énoncées.

Fait à Paris, le 12 Octobre 1826.

Signé CHABROL ;

Pour expédition conforme,

Le Secrétaire-Général de la Préfecture du département de la Seine,

Signé DEFRESNE.

www.ingramcontent.com/pod-product-compliance
Ingram Content Group UK Ltd.
Pitfield, Milton Keynes, MK11 3LW, UK
UKHW032039260826
14628UKWH00007B/3068

9 782016 124383